김후란
제9시집

시인의 가슴에 심은 나무는

저자와
협의하여
인지 생략

시인의 가슴에 심은 나무는

지은이 | 김후란
펴낸이 | 一庚 張少任
펴낸곳 | 답게

초판 인쇄 | 2006년 4월 19일
초판 발행 | 2006년 4월 23일

등 록 | 1990년 2월 28일, 제 21-140호
주 소 | 137-834 서울시 서초구 방배4동 829-22호 원빌딩 201호
전 화 | 02)532-4867(대표) 02)591-8267(편집기획팀)
　　　　02)596-0464, 02)537-0464(영업관리팀)
팩 스 | 02)594-0464
홈페이지 | www.dapgae.co.kr
e-mail | dapgae@chollian.net, dapgae@korea.com

ISBN 89-7574-207-5

ⓒ 2006, 김후란

나답게 · 우리답게 · 책답게

＊ 책값은 뒤표지에 있습니다.
＊ 잘못 만들어진 책은 구입하신 서점에서 교환해 드립니다.

· 제 · 9 · 시 · 집 ·

시인의 가슴에 심은 나무는

김 후 란

도서출판 답게

:: 시집을 내면서

  나무를 바라보고 있으면 소리없는 응답에서 친근한 존재감을 느낀다. 나이테를 안으로 품고 의연하게 서있는 나무의 말없는 의지가 보인다. 그런 때 새삼 나 자신을 응시하게 되고 자아와 만나게도 된다. '현대문학'지로 시단 등단한지 46년, 제 9권째 시집 '詩人의 가슴에 심은 나무는'을 상재하면서 내 가슴에 심어진 한그루 나무를 지긋이 드려다 본다. 내 안에 감춰진 년륜이 어떤 빛깔, 어떤 무늬를 가졌는지를 생각하게 된다.
  이 시집에 수록된 61편의 작품을 비롯, 지난 수년간 집중적으로 자연을 주제로 한 시를 써왔다. 자연이 우리 인간생활에 융화되고 기여하는 그 맥을 더듬어가면서 실로 자연과의 동체의식, 상호공생관계를 기쁨으로 받아들이게 되었다. 그런 감회가 절로 자연사랑 정신으로 이어지면서 자연앞에 고마운 마음을 시로 써서 되돌려 주고 싶었다.
  모든 살아있는 생명체나 침묵하는 산과 돌 하나도 저 있을 곳에 있으면서 제 몫을 하고 있고 그것은 우리 인간생활에 영험으로 깊이 얽혀있다. 주어진 여건아래 최선을 다 해 이웃한 생명들과 어울려 살아가는 순직함에도 고개가 숙여

진다.

  자연사랑은 생명존중 정신이다. 그 중에도 나의 관심이 나무와 숲에 경도된 것은 생명의 숲 운동에 동참하고 우리 강산 푸르게 푸르게 운동에 이끌린 결과일 것이다. 읽어가면서 사계절의 흐름과 그 안에 침적되고 혹은 부침하는 삶의 입김을 느낄 수 있었으면 한다.

  나무는 심은 다음에도 꾸준히 가꾸고 사랑해줘야 하듯이, 우리 인생도 문학, 예술도 더욱 가꾸고 사랑해가야 함을 생각하면서 자연예찬은 곧 인생예찬이요 문학예찬이라고 말하고 싶다.

  마음이 흔들릴 때면 나무그늘 아래서 정녕 나무와 풀과 돌과 맑은 물의 그 향기로운 순후함을 생각한다.

  이 봄날에 새 시집을 내면서 그림 사용을 응락해 준 김원숙 화가와 책을 정성드려 만들어준 도서출판 답게 장소님 사장께 고마운 뜻을 전한다.

2006년 봄
김 후 란

차례 ···· 시인의 가슴에 심은 나무는

1부

눈 오는 새아침에 • 13

첫날 • 15

첫 새벽 • 16

겨울숲은 쓸쓸하지 않다 • 18

자연의 신비 • 19

목련꽃 편지 • 20

이 세상 모든 아픔 • 22

예감豫感의 숲길 • 24

시詩 한귀절 • 25

세상 보기 • 26

시간의 그물 • 28

일어서는 생명 • 30

안개 짙은 날 • 32

섬진강 갈대밭 • 34

시인의 가슴에 심은 나무는

2부

나무 그늘 아래서 • 37
풀꽃처럼 • 39
새를 기다리며 • 40
비 오는 날의 단상斷想 • 42
자연의 약속 • 44
황사바람 • 46
난지도에 햇살이 • 48
초록빛 세상을 • 50
속삭이는 빗방울 • 52
언젠가 심은 나무 • 54
메아리 • 56
미래의 세계에 꿈을 심고 • 58
태초에 우리를 찾아온 산 • 61
천년의 나무 심자 • 65

 **시인의 가슴에 심은 나무는**

3부

흐르는 강물에 • 69

아름다운 그림 • 70

장미의 꿈 • 72

시인의 가슴에 심은 나무는 • 74

5월의 미소 • 76

시골길 • 78

바다는 • 80

폭풍 속에 • 82

폭포수 만나다 • 84

숲 속 이야기 • 86

장마 • 88

시인의 가슴에 심은 나무는

4부

노을공원에서 • 91
노을이 아름답다 • 92
꿈빛 은행나무 • 94
수국섬 • 96
가자, 가을 숲으로 • 98
열매의 무게를 • 100
우리 손 잡고 일어서면 • 102
가을의 언어 • 104
저 불타는 단풍 • 106
늦가을에 • 108

시인의 가슴에 심은 나무는

5부

어딘가로 모두 떠나가네 • 113
새벽 산길 걸으며 -덕유산 자연휴양림에서- • 114
지리산 숲의 바다 -지리산 자연휴양림에서- • 116
그곳에 소나무숲이 있었다 -대관령휴양림 금강송 숲에서- • 118
살아있는 망각의 땅, 비무장지대 • 120
별들은 둥글다 • 122
밤하늘 • 124
문득 멈춰 서서 • 126
12월의 기도 • 128
청춘의 기상 드높이 • 130
독도는 깨어있다 • 132
고려인의 하늘 • 136

1부

눈 오는 새 아침에

그날 아침
겨울 하늘 가득
춤 추는 분홍신의 발레리나

보이지 않는 소리가
소리의 향내가
나를 사로잡았다

생명의 원초적인 빛깔
새로운 것
미지의 것
눈송이는 끝없이 날아오르면서
춤을 춘다

온 세상 넓은 하늘에
그 현란한 침묵 속에
미래의 만남을 기약하며
나도 높이 떠오른다
새 아침에.

첫날

아무도 밟지 않은
깨끗한 눈길
첫사랑 솜사탕같은
순백의 눈밭

하느님 고맙습니다
이렇듯 고운 선물

올해는 환한 가슴으로
이쁜 발자국 찍으며
소박하게 열심히
걸어가렵니다.

첫 새벽

새해 첫날 새벽
생수 한잔 목 추기고
창문을 활짝 여는 순간
하르르 나뭇가지 퉁기며 날아가는
작은 새 날갯짓을 느끼다

이 칼바람 매운 추위에
날아가는 새가 있었던가?
보이지 않는 생명의 존재감存在感에 놀라며

아, 또 한해가 바뀌고
새날이 왔구나
습관처럼 깊은 감회 혼자 중얼거리다

어지러운 세상사

빠르게 흘러가는 시간 속에

그래도 굳건한 얼음장 밑에는

맑은 강줄기

흐르고 있음을 믿으며.

겨울숲은 쓸쓸하지 않다

밤새 쌓인 눈이 세상을 바꿔 놓았다
맑은 얼굴로 고요히 잦아든 소리

그 속에 뚜벅 뚜벅 걸어 온 나무들이
오늘은 성스럽게 침묵하고 서 있다
오랜 연인들처럼 지긋이 서로를 바라보며
가슴 깊이 껴안은 깊은 사연들 얼비치며
이따금 생각난 듯이 눈을 털어내었다

바위도 눈에 덮여 잠을 자고
그 그늘에 작은 짐승들 숨죽이고 있는데
겨울숲은 잔잔히 미소지으며
환하게 일어설 날을 기다리고 있다.

자연의 신비

눈이 날리듯
쏟아지는 흰 배꽃
꽃분홍 복사꽃

산허리 연초록빛 물결조차
다시 보면 만가지 빛깔이네

자연은 위대한 예술작품
온갖 생명
신비롭게 어울어져

사람도 짐승도 애벌레까지도
저마다의 얼굴로 제 갈길 가며
끼리 끼리 모여 사는
이 놀라움.

목련꽃 편지

환하게 길 밝혀 준
목련꽃 아래서
꿈 꾸듯 눈부시게 올려다 보네

저 하늘 속깊은 푸르름 앞에
새봄의 첫 손님
걸어 나오네

나는 그냥 서성이다
생각에 잠겨
순백의 꽃잎에 편지를 쓰네

아, 물 오른 나뭇가지
풀빛 눈웃음
예서 제서 그리움 터뜨릴제

목이 긴 여인
목련꽃 편지
그대에게 보내노라
이른 봄 소식을 보내노라.

이 세상 모든 아픔

그토록 부드러운 물살에
바위 부서져
모래가 되고

모 난 돌 깎이어
결 고운 자갈 되고

신비로와라
작은 물방울 모여
큰 바다 이루니

크고 작음이 한결같지 않아라
많고 적음이 한결같지 않아라

부푼 욕심 누르고
맑은 눈빛으로 바라보면

이 세상 모든 기쁨
내것이어라
이 세상 모든 아픔
내것이어라.

예감預感의 숲길

그늘 짙은
숲 속을 거닐면
군때 묻은 소리꾼의
깊은 소리맛처럼
그 고요 잦아든
세월의 숨결 느끼다
땀 젖은 그림자
동반하고
어제 온 길
내일 갈 길
자유로와라 무한히 높은
예감의 숲길.

시詩 한귀절

새벽에 일어나 앉아
시를 생각한다
가슴에 고인
부딪치는 말들 잠 재우고
가장 연한 풀잎같은
생각 한 가닥
가만히 끌어내어 종이에 적는다
부드럽게 눈물 번진 가슴 속 이야기
그러나 때로
펜촉에 찔리운 시 한귀절이
고요한 새벽
몸살 난 아기처럼 소리친다.

세상 보기

가슴 속
향기 감돌게
깨끗이 비우고 고마워 하기

차오르는 목소리
다스려 누르고
미소 짓는 여유로
세상을 보기

목마른 세월에
훈훈한 차 한잔
세상에서 가장 소중한 사람
가만히 손잡고 정다운 눈길

아무것도 아닌 것
서운해 말고
서로가 그리운
느낌이 되기.

시간의 그물

누가 짠 그물일까
끝이 없는
시간의 그물

투박함과 정교함이 어울어져
빛깔도 현란하게 뒤척인다

그물에 걸리는 건
바람 뿐

모래를 털어 내고
장식도 버리고
햇살에 찔려
스러져 갈
이슬을 달고 있다

누구의 눈물인지
알 수 없는.

일어서는 생명

고요한 새벽
은회색 노래가 다가오는 시간
멀리서 빛나는 그 무언가가
눈뜨임이
속삭임이
꿈 꾸는 가슴에 안겨 온다

그렇다, 매일 아침 어김없이
눈부신 해 떠올리고
지구를 돌게 하는 그 힘
생명 일어서게 하는 그 의지
살아있음을 감사하며
살아있음을 눈부셔하며

오늘도 신비스런
하루가 열리고
한 해가 열리고
한 세대가 열린다
산이 되어 솟구치는 우리들의 포부
부축여 끌어주는 보이지 않는 손
가슴이 부풀어 터질 것만 같다.

안개 짙은 날

안개가 짙다
젖은 얼굴로 다가서는 사물들
바바리코트 깃을 세우고
그냥 걷자 이런 날은

안개 속에 일어서는 집도 나무도
스쳐가는 온갖 차도
어디 먼 나라 그림엽서처럼
처음 보는 영화장면처럼

모든 게 신기하다
이른 봄날의 판타지

나는 그냥 걸어가면서
꿈꾸듯 아득하다

오늘은 이렇게 갈 곳 없는 아이처럼
모두가 혼자이다.

섬진강 갈대밭

이른 봄
부드러운 섬진강 허리께
젖은 갯벌에

어느 꽃으로도
다 못피운 마음속 이야기
갈대숲으로 우거져
바람 안고 울어

같은 쪽 같은 하늘
바라보며
아무도 보지 않는 밤
달빛에 쓰러져
은은히 흐느껴.

2부

나무 그늘 아래서

눈부셔라
내일을 꿈 꾼다는 건

나무 그늘 아래서
가슴 뜨겁게
시를 사랑하듯이
인생을 사랑해야지

아름다워라
그리운 추억이 있다는 건

바람결에 흔들리며
마음 속 강물에
종이배 하나 띄워

나 흘러 가야지
흘러 가야지.

풀꽃처럼

저 맑은 하늘에
마음놓고 안겨가는
산처럼

뿌리 든든히
노래 하는
나무처럼

숲 그늘에
조그맣게 빛나는
풀꽃처럼

그렇게 살고 가는
고운 생이고 싶다.

새를 기다리며

고요로와라
나무그늘에서
잠꼬대 하던 새들
다 어디로 갔나

기대어 잠들 곳 없는 사람처럼
그 어린 생명들이
나를 잠 못들게 한다

어디로 갔나 작은 새들
새벽이면 부산스레
재재거리더니

눈 덮인 겨울 산 털고 일어서면
눈 뜨는 나뭇잎 따라

날아 오려나

내 살얼음 낀 가슴에
봄 안겨 주려고.

비 오는 날의 단상斷想

비 오는 날
비를 맞으며 걸었다
빗방울이 가슴 속으로
뛰어 들었다

동글동글한 웃음소리가
내 입에서 튀어 나왔다

조급하고 아팠던 감정들이
사그라지면서
내일이 보이기 시작했다
이제는 웃음만이 있을 것같은 예감

비는 멀리서 달려와
내게 부딪쳐 기대는
누군가의 귀여운 투정이다.

자연의 약속

자연은 위대하다
빛을 따라 하루가 열리고
빛을 따라 생명이
꿈틀거린다

한자락 바람에
절로 출렁이는 바다처럼
우리의 사랑도 수채화 한폭으로
가슴 깊이 밀물지는 파도가 된다

봄이 되어도 눈 뜨지 않는
쓸쓸한 이들도 있다
공해와 황사에 숨가쁜 생명들
지구 저편에선 여전히 참담한 전쟁소식
곳곳에 찢겨진 날개로 누워있는

이 시대의 아픔의 옷자락

그러나 의연한 자연의 약속
겨우내 숨죽인 마른 나무가지가
다투어 연초록빛 손을 내밀며
사월은 오직 사랑할 일만 있다고
황홀한 변신으로
생의 노래를 부르네.

황사바람

때 아닌
황사바람으로
서울이 잠겼다
눈이 가렵다
목이 아프다

몽골에서
중국에서
멀리 날아 온 괴로운 손님이다

천만군 원병이듯
높은 산 낮은 산
마을숲 도시숲
겹겹 숨어있던 숲이
달려나와

멍 든 가슴 쓸어주며
숨을 쉬게 해준다

이제 무법자 황사도
무릎을 꿇을 것이다.

난지도에 햇살이

어디서 날아왔을까
난지도 그 모진 땅에
이름 모를 풀꽃들
무더기 무더기 피어있네

소리없이 뿌리 내린 나무들도
눈부신 햇살 아래
미래의 숲을 그리네

유장하게 흐르는 한강변
아름다운 서울의 한쪽 가슴에
하늘공원
노을공원
죽음 딛고 일어서는

생명의 소리

힘있게 맥박이 뛰는 소리.

초록빛 세상을

아이들은 천연색 자연이다
아무도 그 노래 막을 수 없고
아무도 그 웃음 지울 수 없다

뿌리에서 물기 차오르는 나무처럼
절로 솟구치는
희망과 꿈

전쟁이 휩쓸고 간 폐허에서도
눈 비 몰아치는 벌판에서도
쑥쑥 속눈 틔워 일어선다

속눈썹 파르르 미소 지으며
평화로운 초록빛 세상
힘껏 끌어안고

저 하늘 높이 높이
온 우주 내 세상
그렇게 자란다
내일도 그렇게 자라갈 것이다.

속삭이는 빗방울

저 높은 허공에서
겁도 없이 뛰어 내린
빗방울 하나

날개 젖은 천사의 모습으로
이제 막 눈 뜬 잎에
내려 앉는다

추상의 그림으로
하늘 누비던 구름
둥글고 투명한 빗방울 되어
추락의 모험 끝에
매달려 속삭인다

- 내 이름은 자연이예요
- 친구들과 만나 큰 물이 될꺼예요
- 물의 일생을 사랑해 주세요.

언젠가 심은 나무

안개비 서린
이른 봄날
산길을 걷자

어느 추억으로도
마음 달랠 길 없을 때
손짓하는 자연의 손길

보송보송 다시 살아나
빛나는 몸으로 일어서는
산을 맞으러 가자

그곳에 파랗게 눈떠 가는
나무를 찾아서

언젠가 심은
그 나무 찾아서.

메아리

보석같은 햇살
온 산에 넘치네
빛깔도 천만가지
신록의 나뭇잎 하나 하나
꿈 꾸듯 웃고 있네

산아 두터운 가슴의 산아
그리 넓은 너의 가슴
어느 갈피에

내 부르는 그 이름
울려 되울려
이 마음 전해주듯

나도 억만년 세월 담긴
너의 마음 전해주랴
누군가에게.

미래의 세계에 꿈을 심고
— 우리강산 푸르게 푸르게, 신혼부부 나무심기 스무돌에

오늘은 바람이 불고 있다
나무는 두 팔을 들어
오랜 감사기도 드리고 있다

처음으로 낯선 여정에 오를 때
꿈과 기대로 가슴 설레듯
이 땅에 뿌리내려 홀로 도전한 나무
강한 생명력을 내뿜는다

해마다 그래왔다
산에, 들에, 마을에, 수많은 나무를 심어
우리강산 푸르게 푸르게
아름답게 풍성하게 우리의 꿈을 심었다
이제 성숙의 계단을 올라
나무와 나무 어우러져 숲을 이루고

숲의 옷자락에 기댄 가슴에
훈훈한 입김을 불어넣어 주는 나무

고요한 밤이면 생각에 잠겨
나무들은 속으로 중얼거릴테지
사노라면 기쁨과 즐거움 뒤에
고통의 수렁 아픔도 있으리라
그런 때는 희망의 나무 심은 그날을 기억하며
다시한번 가슴에 불꽃을 피워보라
그리하여 언젠가는 찾아오리라
정답게 손잡고 추억의 오솔길 거닐면서
숨은 들꽃 푸른 숲의 요정을 찾으며
사랑으로 심은 나무 돌아보라

새로운 인생 출발 순수한 마음 그대로

그대들 젊음이여 사랑이여
같은 쪽 같은 하늘 바라보며
불멸의 힘으로 피어나는 날들을
가꿔 가라 힘껏 가꿔 가라

오늘처럼 바람이 흔들어 대는 날
나무들은 또 속으로 다짐을 할 테지
먼 먼 후일을 위해
미래의 세계에 꿈을 심은 그대들 위해
새벽이면 온 세상 깨끗이 닦아 놓고
환하게 밝은 날을 안겨 주겠노라고
은은히 피리소리 울려 주겠노라고.

태초에 우리를 찾아온 산

하늘 아래 산이 있었네
산이 있고 산 너머 더 깊은 곳에
아낌없이 품어주는 어머니 가슴이 있었네

자연은 참으로 오묘하여라
매운 겨울바람에 침묵하던 나무들이
봄이면 꿈처럼 다시 살아나고
얼음장 밀치는 물소리
내 심장으로 흘러든다
여름이면 우거진 숲 그늘에서
하늘을 찌르는 벌레소리
현란한 빛깔의 향연 가을 산 이야기
그리고 눈 쌓인 겨울산
그 신비스런 눈빛이 우리를 압도하면서

산은 어디나 있고
어디서나 우리에게 손을 내민다
뜨거운 생명의 이름으로 일어선다

아름다운 산, 태초에 우리를 찾아온 산
지리산 계룡산 설악산 속리산
내장산 가야산
덕유산 오대산 주왕산
치악산 월악산 북한산 소백산
저 남쪽 월출산 제주의 한라산
그리고 북녘의 백두산 금강산
아, 우리의 이웃에 함께 살며
면면히 민족의 얼 지켜 온
우리의 자산 풍성하여라

크신 어른으로 좌정한 산
한발 한발 기도하는 마음으로 오르며
이 세상 먼지 털고 경건한 삶의 뜻 새기며
무한한 하늘을 만져보게 하는 산

모든 생명 품고
깊이 사색에 잠긴 산
우리의 아이들과 그 아이들의 아이들
대대손손 우거진 숲에서 자라고
날짐승 들짐승 모든 미물
그 어진 품에서
사랑 꽃피워 간다

그곳에 산이 있고 숲이 있었네
우리들의 정성으로 고이 가꿔갈

산이 있고 산 너머 더 깊은 곳에
사시사철 들려오는 아름다운 노래와
유구한 세월 눈부신 빛깔이
우리들 가슴에 꿈빛으로 번지네.

천년의 나무 심자

그대여 일어서라
새벽 바람 불고 있다

멀리서 달려 온
바람과 손 잡고
푸른 바다 물결 차고
세상을 보자

당당하게 큰 걸음
미래를 보자

그대여 일어서라
창의의 노래 부르자

우리들의 희망
천년의 나무 심고
새롭게 정의롭게
큰 포부 펼치자

꿈이 있는 새 천지
아침을 열자.

3부

흐르는 강물에

부드러운 몸짓으로
천년을 가는
저 강의 가슴은 향기롭구나

강가에 스쳐 가는
그 많은 노래소리
오늘은 다만 한자락 바람이네

아서라 애틋한 그리움 실어
누군가를 부르는
그 목소리
노래로 바람으로
흐르는 강물에 몸을 씻누나.

아름다운 그림

때는 여름
빛나는 신록의 눈빛

노래하는 숲을 세우며
그토록 바쁜 세월
뛰어가는 시간에도
시나브로 문득 멈춰 서서
빛 고운 저 하늘
바라보는 여유
가슴에 물결치는 정감情感

그중에도 해질녘
아내 손잡고 걷는
그의 모습 아름답다

풀빛 번지는 그림처럼
향기롭게 살아있다.

장미의 꿈

장미가 피어나는 순간의
그 여린 몸짓을
생각한다

보드라운 속눈썹
이슬 머금고 뒤척이는
고운 살결

날카롭게 빛나는
젊음 속에
더운 피가 돌고
꿈 꾸는 세계가 수채화로 번진다

슬프도록 아름답다 장미는
그래서 외롭다

어진 이의 눈매로 미소하며
혼자만의 우주를
안고 있다.

시인의 가슴에 심은 나무는

시인의 가슴에
심은 나무는
산수유 마을에선
노란 산수유꽃으로 피고
매화마을에서는
뽀얀 매화꽃으로 피네

허공 가로질러 날아가던 새가
잠시 아주 잠시
깃을 접고 쉬어가고
피어있는 잎사귀마다
그리운 이름이 적혀있는

시인들은 저마다
다른 나무를 키우면서

저마다 잘생긴 나무로 키우면서

밤이 깊어지면
나무 한그루씩 품어안고
길을 떠나네
맨발로 먼 길을 떠나네.

5월의 미소

아기들의 푸른 잠 깨우는
저 연초록 잎새들
몸짓 좀 보아

옥비녀빛 모시하늘
잔잔한 호수
온 강산이 어머니 눈빛 되어
비단 자락 펼치네

엄마 품에 어린 것
어리광 부리듯
자연은 지금 큰 팔 벌려
사랑의 교감 바다 이루고

세계가 밤의 어둠에 잠겨도

홀로 잠들지 않는
뜨거운 가슴처럼

만 가지 풀빛
속 깊은 미소로
나를 끌어안네 언제까지나.

시골길

코스모스가 행진하고 있었다
이름 모를 들꽃 속에서
볼우물 패인 채송화
천진스런 웃음 머금고 처다보고
있다

긴 장마 홍수끝에
그래도 다시 일어난 논밭
강한 생명력
햇볕 불타는 늦더위에
마지막 안간힘 드려
살아있음을 증거하려

고향의 흙내 묻히고 온 날
우리가 돌아갈 길이 보였다

뛰면서 맞이하는 매일아침에도
저 흙먼지 일던 시골길
우리네 땀내 배인 고향땅이
보인다.

바다는

바다에 떨어진 거울이 부서져
천만개의 눈짓으로 나를 부른다

눈이 부시다
날카로운 칼로
찢어도 찢어지지 않는 바다

파도가 달려오고
       달려오고
          달려오고

나는 달아나고 달아나고 달아났다

오늘 나는
저 무한대의 세계를 향하여

화석이 된 슬픔 하나를
힘껏 던졌다

바다는 여전히 출렁거린다.

폭풍 속에

바닷가 소나무 숲에
폭풍이 몰려 온다
바다의 비늘이
다 일어선다

비바람 거친 돌풍
머리 산발한 소나무들이
우우 우우
바다와 하나 되어
세상의 많은 이야기
다 쏟아 놓는다

우주가 팽창하는 순간을
경험한다

바다는 거대한 짐승

푸른 잔등

속깊은 눈

한여름 폭풍우에

산같은 파도로 달려와

꿈꾸는 소나무 숲에

새로운 생명을

낳는다.

폭포수 만나다

콸콸 콸콸
저 물소리
물소리 !

바위 밀치고 소용돌이 치는
힘찬 물살에
이 가을 질펀한 단풍에
너와 나
하나 되어 쓰러지다

어디서 와서 어디로 가는지
산허리 깊은 계곡
오랜 세월 인적없이
홀로 부서져 내리는 물소리에

세속의 귀를 씻고

머리 속 씻고

어지러운 마음도 씻고

그냥 그렇게 온몸 던지는

저 물소리에 취해……

숲 속 이야기

큰 나무 밑에
작은 나무 살고
작은 나무 밑에 작은 풀꽃 사네

풀벌레 업고 놀던 꽃송이들이
소곤소곤 세상 얘기
속삭일 적에
큰 나무 몸 흔들며
크게 웃었네
"그래그래 세상은 그런거란다
너희도 세상일 다 아는구나"

꽃도 나무도 눈짓으로 말하고
말없이 기대어 사랑도 하고
서로의 가슴에

물이 되어 흐르네
큰 나무그늘에서 정답게 사네.

장마

한 여름 내내
비가 오고 있다
오는 비가 빗발 세워
유리창을 때릴 때
온 세상 젖은 몸으로
숨 죽이고 있다

막을 수 없는 절규
가슴 속 폭포마저도
오늘은 절망적이다
온종일 비가 오는 이런 날은
차라리 눈을 감고 누워있자
갈 곳 없는 사람 되어
외로워지자.

4부

노을공원에서

갈대숲이 손짓하는
하늘과 만나는 노을공원

새빨간 햇덩이가 저 지평 넘어로
포도주빛 구름 긴 옷자락 끌고
떠나가네 침묵하는 어머니의 얼굴로

아쉬움과 황홀함
생명의 원천은 영원히 새롭고
장엄한 밤 끝에
또다시 열릴 내일 있음을 믿으며

그 어느 손으로도 잡을 수 없는
가슴 뜨거운 순간의 노을빛.

노을이 아름답다

수채화 물감 번지듯
서쪽 하늘에
부드럽게 흐르는
노을이 아름답다

하느님은 참으로 정겨우셔라
묵상하는 가슴에 손 얹져 주시며
머뭇거리는 나를 위해
기도 함께 해주시네

세월의 무늬
추억의 그림자 길게 남기며
빠르게 빠르게 달아나는 바람처럼
나도 하루해가 짧다고
달려왔지만

문득 멈춰 서서
저기 서쪽 하늘에
노래로 흐르는 노을을 보네
사라져가는 것의
소중함을 생각하며.

꿈빛 은행나무

비취빛 하늘
상쾌한 바람
그 아래 우뚝 선 꿈빛 은행나무
빛나는 잎잎이 황금물결 이루네

나무 그늘 벤치에 앉아
펼쳐 든 책에서
마른 잎새 하나
언젠가 끼워 준 그대의 손길

어디선가 진양조 흐드러진 가락
내마음 뒤흔들고 가는데

추억은 강물로 흐르고
이 가을

황금물결 은행나무 아래서
뜨거운 가슴으로
책을 읽는다.

수국섬

꿈 꾸는 새벽
멀리서 배 지나가는 소리
몸 작은 섬들이
여리게 흔들린다

충무 앞바다에
점 찍힌 섬들
어머니 품에 안겨
잠 자는 아기처럼
가만히 가만히
흔들린다

바다의 푸른 빛
목에 두르고
그중에서 맨 먼저

눈이 큰 소녀

수국이

반짝 눈을 뜬다.

가자, 가을 숲으로

가자
가을 단풍 손짓하는
저 숲으로

살아있는 모든 것의
황홀한 몸짓
무르익은 과일의
원색적인 도발

무거이 열매 안은 만삭의 몸
겸허하게 하늘에 공양하는
나무들 그 선한 눈길 따라
불 붙은 가슴으로

가자, 벌레소리 귀 적시며

우거진 숲

향기로운 품 속으로

우리들의 꿈빛

무한세계로.

열매의 무게

과수원 울타리 너머로
이제 가을이
큰 걸음으로 오고 있다

어디선가 경쾌한 음악이
들려온다

우리 오늘 너무 많이 생각말자
지난 여름 폭우 이겨내고
힘껏 햇살 끌어당겨
온몸에 둥근 가락 가득 실린
과일들의 충만감을 생각하자

지금이 소중하다고
열매의 무게가 고맙다고

가슴을 펴자

비 그친 뒤
아득히 높아지는
저 푸르른 하늘을 보자.

우리 손잡고 일어서면

지난 여름 어인 비 그리 내리고
몸부림 치던 태풍
많은 가슴 찢더니

비 그친 뒤 발그레
겨우겨우 살아남은 과일의 등에
햇살이 가만히 내려앉는다

흰 무명옷 얼룩을 지워주고
상처입은 살갗을 아물게 하는
그대는 누구신가
쓰러진 벼포기 일으켜 세우는
농부의 무딘 손마디 애틋하게 잡아주는
그대는 누구이신가

내 기도소리는 너무 작고
나눌 고통은
너무 크고 무거워라

그러나 알겠네
우리 서로 손잡고 일어서면
보이지 않는 그분의 숨결
따뜻이 손 잡는 힘의 크기를.

가을의 언어

오늘 저 하늘의 속깊은 푸르름
한여름 한껏 키운 나무들의 열매가
풍성한 가을 언어로
내 안에 있네

강물이 불어 출렁이고
이 세상 소리와 빛깔이
물보라 치는데

〈하루를 얻었다 하나
그 하루가 지나가고
한때를 얻었다 하나
그 한때가 지나감〉을
공자의 말씀대로 겸허히 새겨보면서

살아있음을 증거하듯
소리없이 무성한 나무와 열매
성숙과 공양의
눈부신 무게를 생각하네

그 손길에 이끌려
이 가을 내 가슴에 가득한
향기로움.

저 불타는 단풍

몸짓 푸른 산
끝없이 향기와 빛 내뿜더니
물들어 더욱 눈부신
가을 산 허리께에
내 눈길 젖어들어
가슴 벅찬 환호 터지다

몇 만년 세월이 되풀이되었던
긴 긴 흐름을 가늠해 본다
여전히 변함없는 계절의 순환

굴레에 끝이 있던가
우리들의 삶도 그렇게
이어가면서
자연의 순리 따라 피고 지고

어이 하리

겨울은 또 오고 있는데

오늘 저 불타는 단풍.

늦가을에

가을걷이 끝난 논은 시원하다
산뜻하게 이발한 목덜미같이

곳곳에 보기좋게 짚더미 쌓여있고
밀레의 '이삭 줍는 여인'
먼 빛으로 보인다

가는 해의 그림은 이렇듯
아름다운 정경이건만
지구 저쪽은
고통의 전쟁으로 불가마 되고
허기진 어린것들 눈물범벅 얼굴이
세상을 아프게 한다

무더운 여름 목마른 일터에서
그토록 땀 흘려 온 농민들도
자연의 재해에 비틀거리며
미진한 가슴 고개 숙이고

늦가을 풍성함 속에
사람 사는 세상은 쓸쓸함 많아
낙엽 쌓인 숲길에서도
발을 헛딛는다.

5부

어딘가로 모두 떠나가네

우리들은 모두
어딘가로 떠나가네
어딘지 모를 그곳으로
떨어지는 낙엽처럼
빛의 나그네처럼
어딘가로 모두 떠나가네

쓸쓸한 헤어짐
잎 지는 나무의 속 무늬처럼
시인은 가고 시만 남으니
가슴에 차오르는
고독한 그림자
어딘가로 모두 떠나가네

새벽 산길 걸으며
— 덕유산 자연휴양림에서

안개 자욱한 새벽 산

잠 덜 깬 나무들

가만가만 흔들어대는 바람

해가 떠오르자 안개 밀려가고

보석같은 햇살 머리에 인

눈부신 잎새들

향기로운 초록빛 성큼 다가서네

오순도순 모여있는

잣나무 전나무 느티나무 낙엽송

산딸나무 대죽나무 굴참나무 층층나무

독일에서 이주해 온 독일가문비나무

그중에도 3백년된 반송나무의 위용

사람들은 말없는 자연에
절로 취하고
수천가지 빛깔 휘감은 산허리에
또하나의 추억의 길을 품었네

어느새 나도 한 그루 나무 되어
향기와 빛깔 내뿜는
가슴이 되네.

지리산 숲의 바다
— 지리산 자연휴양림에서

우리는 알고 있다
밤이 깊어도 잠들지 못하는
깊은 계곡 물소리

지리산 숲의 바다
출렁이는 그 많은 사연들
누워있는 바위 뒤척이는 나뭇잎마다
처연한 역사의 지문이 찍혀있다

그러나 숲은 철따라
또다시 계절을 안고 일어서서
무심한듯 초연한 듯
우리를 맞이한다

자연은 순수하다
우거진 지리산 숲은
여전히 깊은 숨결
말없이 가슴을 열어준다.

그곳에 소나무 숲이 있었다
— 대관령 휴양림 금강송 숲에서

그곳에 소나무 숲이 있었다
무리 지어 서있는 의연한 금강송
곧게 뻗은 자태 강건한 기상
신비로워라 그곳에
조국의 눈빛이 있었다

얼마나 오래 서있었던가
나를 내려다보며
먼 훗날에도 너를 품어주리라 한다

밤이 깊어지면서
더욱 높아지는 물소리
산바람도 잠이 든 이 시간
나는 한 개 바위로 정좌하여
풀 냄새 흙 냄새

가슴 깊이 스며드는
세월의 흔적을 마신다

먼 먼 옛적부터 나를 기다려 준
어느날의 산의 품에 기대어
기품있는 금강송 숨결에
귀를 세운다.

살아있는 망각의 땅, 비무장지대

그곳에는 소리가 없다
그곳에는 만남이 없다
그곳에는 어제만 있고
태양도 절반만 떴다가 지나간다

고통의 강이 가로지른 비무장지대
숨겨둔 애인 그리워하듯
사람들은 꿈길에서만 오간다

반세기 전에는 그 벌판에서도
아이를 낳고
밥 짓는 연기가 올랐었다
뛰노는 아이들 웃음소리
마을에 골짝에 울려 퍼졌었다
정겨운 논밭, 산과 들

샘물과 나무와 풀뿌리들
사철 싱그러운 자연의 숨결

아름다운 혼魂자리여 무덤이여
살아있는 망각의 땅, 비무장지대에는
남북이 찢겨 포화에 산화한
아픈 혼령들이
우거진 원시림 속에 누워 있다

그러나 결코 죽음의 길이 아니다
언젠가는 정녕 다시 살아나
바람속에 일어서는 생명들 있으리
날개짓 화사한 새떼
하늘에 길 열어 오가듯이
우리 겨레 마음놓고 그 땅 걸어다니리.

별들은 둥글다

시뻘건 불덩이
동해바다 수평선 저편에서
둥실 떠오르누나

누구랄 것도 없이
간절한 소망의 기도
마음으로 외치는 소리
일순 지구는 무겁게 긴장한다

별들은 둥글다
태양도 달도 지구도
화성도 토성도 토성의 위성들도
모두 모두 둥글다

우리의 몸은 풀잎처럼 가녀리나
지상 60억 인구의
평화로움 열망하는 높은 열기가
자전하는 별들을 둥글게 하고
모가 난 세상을 둥글게 한다.

밤 하늘

깊어가는 밤
하늘을 올려다본다
검은 옷자락 날리며
보석으로 치장을 한
숙녀같은 밤하늘의 미려한 모습

누구에게 보이려는걸까

사람은 저 혼자서 잘나지 않고
나무는 흙 속에 뿌리가 받쳐주듯
오늘밤 저 하늘의 속깊은 사랑
누구를 위해
무슨 힘으로

저리도 눈부시게
이 마음 뒤흔드나.

문득 멈춰 서서

문득 멈춰 서서 생각해 보니
지구가 자전自轉함을 잊고 지냈다

내가 딛고 있는 이 땅이
높이 솟구친 빌딩이
의젓하게 좌정한 저 산들이

지구의 축이 중심이 되어
무서운 속도로 돌고 있음을
엄청난 굉음으로 돌고 있음을
잊고 지냈다
내 생활이 바빴다

고요한 밤의 침묵 속에
누군가가 떠난다는 유성流星 하나가

금을 긋고 사라진다
깊은 어둠을 뚫고 가로질러
어딘가로 가는 항공기 불빛이 보인다

문득 멈춰 서서 둘러보니
참 많은 이들이 떠나갔다.

12월의 기도

찬바람이
목둘레에 스며들면
흘러가는 강물같은 시간의 흐름앞에
아쉬움과 그리움이 여울목 이룹니다

한 해가 저무는데
아직 잠 잘 곳이 없는 사람과
아직도 병 든 몸, 고통받는 이들과
하늘 저편으로 스러질 듯
침묵하는 자연에 압도되어
나는 말을 잃어 버립니다

이런 때
가슴 가장 안쪽에
잊었던 별 하나 눈을 뜹니다

그 별을 아껴 보듬고
그 별빛에 꿈을 비춰보며
오늘은 온종일
무릎 꿇고 기도를 드립니다
누군가를 위하여
무언가를 위하여.

청춘의 기상 드높이
― 成年을 맞은 젊은이에게

우리는 자유라는 이름의
길 위에 서있다
청순한 목둘레
꿈이 서린 가슴
미래의 언어는 희망과 도전이다

우리들의 몸짓은
연초록빛 잎으로 피어나고
저 무한공간 우주로 향한
날렵한 새처럼
길 없는 하늘에도 길을 열어 간다

의욕과 창의와 용기
생명을 사랑하는 그 마음으로
작은 풀꽃도
어둠 헤쳐가는 반딧불이도

하늘로 치솟은 의연한 나무들도
이 모두 사랑하는 우리들의 친구
순수한 열정과 불같은 정의감은
우리의 생명 이끄는
보이지 않는 힘이다

당당하게
슬기롭게
겸허하게
청춘의 기상 드높이
우리의 미래
크게 크게 열어 가리라
우리의 날개 아름답게 펼치고
마음껏 큰 세계
헤쳐 가리라.

독도獨島는 깨어있다

영원한 아침이여
푸른 바다여
몇 억 광년 달려 온
빛의 날개가
어둠을 밀어내는 크나큰 힘이 되고
빛을 영접하는 손길이
미래未來의 문을 연다

시간의 물살이 파도치는
동해東海 짙푸른 물결
오늘 우리
섭리를 밝히려
이곳에 모였나니

독도의 돌, 나무, 풀 한포기 조차

어둠 속에도 결코 잠들지 않았다
독도는 깨어있다
조국의 수문장守門將이라 외치고 있다

아득한 천년 전 신라때에도
이미 독도는 우리 땅이었다

마음이 넉넉한 겨레의 초연한 의지意志로
아름답게
당당하게
거센 바람 회오리치는 파도를 딛고
울릉도와 더불어
조국을 지켜왔다

저 백두산에서 제주 한라산까지

한 흐름으로 내닫는
조국의 맥脈이 용솟음 친다

우리는 독도에 등대를 세우고
불 밝혀 난파선을 돌보았다
한류寒流와 난류暖流가 교차하는 이 수역水域에
모든 어족魚族이 몰려들고
나르는 바다새가 정다이 인사한다
그 어느때도 우리는 문패를 바꾸지 않았다

역사는 정직하다
누기 기웃대는가
역사는 증언한다
누가 거역하는가
어리석은 탐욕의 노를 꺾으리

진노하여 바람도 일어서리라

독도, 예리한 눈빛 청청히
오늘도 조국을 지키는 불사조不死鳥여
이 땅을 지키는 의로운 사람들이여
천 년 세월이
영원으로 이어지게
겨레의 자존으로 지켜가리라
겨레의 영혼으로 지켜가리라.

고려인의 하늘
— 우스토베에서 만난 고려인들은 말했다

밤마다 별들이 쏟아지는
저 깊은 밤하늘
얼마나 아득했던지
북두칠성이 잡힐 듯 보이건만
고향에서 보던 때가
얼마나 그리웁던지

우리는 고려인高麗人
우스토베 이역땅은 서럽다
지도에는 있으나 머나 먼 조국

마을 가로질러 달리는
시베리아 철도는 눈물의 강이었다
가슴 짓뭉개고 달리는 철도
날이면 날마다

비오는 가슴이다
정 붙여 살던 곳 하루아침 빼앗기고
허기지고
병들고
쓰러져누운채
고통의 지팡이로 일어서기까지
그 하늘은 처연한 그리움이었다

그곳에
길은 없었다
길이 없는 벌판에 길을 만들며
슬픔을 씀바귀 씹듯 눈물로 씹었다
메마른 땅 흙먼지를 헤집고
그래도 끊임없이 씨 뿌리고 가꿔 온 세월
삶의 빛깔이 없는

그곳에
역사의 뿌리를 심으며
빛 바랜 그늘에 우두커니 서있던 그 많은 시간들

아버지가 쓰러지면 아들이 부추기고
어머니가 누우면 딸이 일어서면서
정녕 너무나 긴 시간이었다
너무나 뼈아픈 시련이었다
고국을 떠나 산다는 건 외로운 투쟁이었다

그러나 살아 남았다
짓밟히고 버림받은
모욕의 강제이주 强制移住
고려인의 자존自尊으로 살아남았다
무너져 내리는 하늘, 이 악물고 받쳐들고

모진 세월 질경이처럼 이겨내면서
살아있음으로써 고통을 승화시켜
무디어진 손끝으로 꽃피워낸
높고 높은 정신의 승리였다

그렇게 멀리 달려온 길이었다
그렇게 먼 세월의 그림자를 끌며
고려인의 하늘은 그래도 푸르렀다

1937년 어린 딸을 껴안고
죽음의 열차에서 내린 곳 우스토베
카자흐인들의 둥근 식탁이
얼어붙은 고려인을 녹여주었다
버림 받은 고려인들을
따뜻이 껴안아주었다

고향의 날씨와 바람까지 닮아있던
온화하고 축축한
극동 연해주에서 쫓겨나
겨울에는 살갗을 찢는 매운 바람
여름에는 숨막히는 무더위
토굴 창고 마굿간 혹은 폐허가 된 사원에서
혹독한 객지생활에 몸서리쳐야 했다

아, 그러나 그보다 더 괴로운 건
꿈에도 못 잊는 내 조국
흙내 나는 조상들의 손길에서
언젠가는 가리라던 그리운 조국땅에서
너무나 멀리 내동댕이쳐진 일
머나먼 중앙아시아로 밀려난 일

냉혹한 소련정책 이민족異民族의 동화同化 강요하고
우리교육, 우리문화, 우리언어 버리게 했다
우리 책 수십만권 불태워졌다
한인학교 폐쇄되고 한국어 교과서가 사라졌다

그건 조국과 단절된 아픔
고향을 잃어버린 고아의 신세
부평초 신세 된 일 제일로 가슴 저려
밤이면 밤마다 눈물 삼켰다
조국과 가까워
위로 받고 살았던 극동지역에서 쫓겨나
정녕 이곳은 어디인가
광막한 시베리아 가로질러
중앙아시아는 너무 멀었다
지상에는 이리도 넓은 벌판 버려진 땅이 있었다

아기자기 금수강산 꿈속에서도 아득해라
아, 우리는 고려인
우리말로 소리쳐 울부짖고 싶어라
마음껏 웃고 떠들고 우리 노래 부르고 싶어라

처절한 세월이었다
수저 든 손이 떨리도록
매운 추위 속에
분하고 아파서 눈물 얼어붙은 뺨 쓰다듬으며
그래도 살아가는 길 닦아나갔다
살아가는 길을 걷기 시작하였다

모진 시련試鍊 이겨내는 불굴의 의지로
새로운 역사를 만들어 나갔다
고려인의 긍지로 힘껏 살겠노라고

고려인의 꿈으로 결코 쓰러지지 않겠노라고

그 길은 아직도 멀고 험하나
고려인의 뿌리 지킨 뜨거운 손 뻗어
조국의 손을 잡는다
고려인 잊지 말라고
깊은 주름 속에 그리운 눈길 보낸다
그렇다 우리는 한민족이다!
그렇다 우리는 한 형제다!

※ 2001년 여름, 이미시앙상블(대표 한명희)의 한국 전통예술단 중앙아시아지역 공연이 있을 때 나는 문학평론가 유종호교수와 이왈종화백과 함께 뜻깊은 여행을 하였다. 우리는 우즈베키스탄, 카자흐스탄, 키르기즈스탄에서 교민들을 만났다.
   그런 중에도 카자흐스탄의 옛 수도인 알마타에서 자동차로 7시간을 달려 도착한 우스토베, 그곳에 뿌리내린 고려인들 땀 젖은 손을 잡았을 때의 가슴 저릿한 동포애를 잊을 수 없다.
   그들은 고국에서 찾아간 예술단공연을 보기 위해 온 마을을 텅 비

워놓고 허름한 시민극장에 전부 모여있었다. 그리고 정이 넘치는 감동의 박수를 치고 또 쳤다. 깊은 주름살로 나이를 짐작하기 어려워진 세대와 우리말은 몰라도 화사하게 한복차림으로 모양을 낸 소녀들을 말없이 그냥 껴안았다.

우스토베는 중앙아시아 카자흐스탄에 있는 한 작은 마을이다. 1937년 겨울, 소련정부의 소수민족정책으로 19세기말부터 함경북도와 가까운 극동지역 연해주에 자리잡아 모범적인 농사로 안정된 생활을 하고 있던 한인(고려인)들을 무조건 화물차에 태워 강제이주시킬 때 최초로 내던져진 눈물의 고장이다.

이후 90회 이상에 걸쳐 2만789가구, 9만8천454명의 한인이 아시아대륙의 한쪽 끝에서 다른 한쪽 즉, 블라디보스독으로부터 타쉬켄트까지 기나긴 고통의 여정을 목적지도 모른 채 대이동을 한 것이다.

추위와 질병과 좌절속에서도 살아남은 한인들이 정착, 집단농장으로 재기(再起)하여 어언 60여년 세월이 흐른 지금, 잊혀진듯 퇴락한 쓸쓸한 우스토베에서 여전히 힘겹게 살고있는 고려인 2세, 3세들은 모국의 방문단일행에게 어설픈 우리말로 말했다. "잘사는 우리 한국에 가보고 싶습네다."